साँझ तुझे याद कर लिया है भाग दो

रत्नाकर सागर

प्रभु को समर्पित।

माता पिता को समर्पित।

मेरी प्रेरणा "साँझ" को समर्पित।

सभी लोग जिन्होंने जीवन में प्यार को महसूस किया है उस प्यार को समर्पित।

Simply….. Dedicated To Love …..For Love ….. From Love…..

क्रम-सूची

प्रस्तावना

मेरी पहली पुस्तक "साँझ तुझे याद कर लिया है" का यह दूसरा कविता संग्रह है। अगर आप ने मेरी पहली पुस्तक नहीं पढ़ी है तो आप उस पुस्तक को भी जरुर पढ़ें। जिससे कि आप मेरी इस पुस्तक का आनंद अच्छी तरह से ले सकें। और जिन पाठकों ने इस पुस्तक का पहला भाग पढ़ा है उसे अपना प्यार दिया है, सराहा है उन पाठकों का मैं हृदय से धन्यवाद करता हूँ। और आशा करता हूँ कि मेरी पुस्तक के इस दूसरे भाग को भी आप पाठकगण ढेर सारा प्यार देंगे।

मैं रत्नाकर, मैं एक भारतीय नागरिक हूँ जिस पर मुझे गर्व है। मैंने कॉमर्स से स्नातक किया है। मैंने बैंकिंग, फाइनेंस, एकाउंट्स और सेल्स सेक्टर्स में पंद्रह वर्षों से भी ज्यादा समय तक सेवाएं प्रदान की है। और अब मैं एक फ्रीलान्सर के रूप में अपने पैशन को पूरा कर रहा हूँ। कोरोनाकाल के बाद से ही मेरे जीवन में बहुत बदलाव हुआ है, जिसका जिक्र मैं अपनी पहली पुस्तक में कर चुका हूँ। लिखने का शौक तो मुझे बचपन से है, जब मैं बारह वर्ष का था तभी से मैंने कवितायें लिखना शुरू कर दिया था। और अब मैं अपने उसी शौक उसी पैशन को नई ऊंचाइयों तक पहुंचाने की कोशिश कर रहा हूँ। और आप सब पाठकों के दिलों में अपनी कविताओं के माध्यम से जगह बनाने की कोशिश कर रहा हूँ। उसी की झलक है मेरी यह पुस्तकें और यह सब आप सभी के सहयोग से ही संभव हो सकेगा। अतः आशा करता हूँ कि आप सब मुझे भरपूर सहयोग और प्यार देंगे।

मेरी कविताओं में प्यार के उतार - चढ़ाव, सुख - दुख सभी कुछ देखने को मिलेगा, यही तो प्यार को गहराई प्रदान करतें

हैं। और मैंने भी अपने प्यार "सांझ" को गहराई प्रदान करने की कोशिश की है। मैंने अपनी कविताओं को एकदम आसान शब्दों में कहने की कोशिश की है। जिससे यह किसी भी उम्र के लोगों को आसानी से समझ आ जाये। और हर उम्र के पाठकगण मेरी कविताओं का लाभ लें सकें, आनंद उठा सकें।

हिंदी एवं उर्दू भाषा के माध्यम से जानें कितनी ही अनमोल रचनाएँ हुई हैं, और यह हमारी एकता और प्यार का ही तो प्रतीक हैं। मैंने भी अपनी कविताओं में हिंदी-उर्दू भाषा का प्रयोग कर, भाषा को उचित सम्मान देने की कोशिश की है।

मेरी इस पुस्तक का प्रयास भी केवल इतना ही है कि मैं इंसान के अंदर छिपे प्यार के जज़्बात को आप सब तक लाने में सफल हो सकूँ। इस पुस्तक में मेरी ओर से की गई मानवीय त्रुटिओं एवं कमियों को नज़र अंदाज़ करिएगा। मेरी जितनी बुद्धि है, जितनी समझ है उसके अनुसार ही मैंने यह रचनायें लिखीं हैं। और आने वाले समय में सैकड़ों रचनाएँ आप सभी पाठकों का इंतज़ार कर रही हैं। इसीलिए आप सभी पाठकों का प्यार, आशीर्वाद एवं सुझाव सादर आमंत्रित हैं।

आप सभी पाठकों से अनुरोध है कि आप सब अपना प्यार इसी तरह से मुझ पर बनाए रखें।

धन्यवाद

आपका

रत्नाकर सागर

1. देवी वंदना

जयति जयति जय,
माँ जगदम्बे।
जय अम्बे
जय जगदम्बे।।
जयति जयति जय,
माँ जगदम्बे।
जय अम्बे
जय जगदम्बे।।

माँ तू ही दुर्गा,
दुर्ग विनाशिनि।
माँ तू ही चण्डिका,
महिषासुर मर्दिनि।।
माँ विष्णुप्रिया तू,
तू ही शिव संगिनि।
माँ मुझको तेरी भक्ती का वर दे।।
जयति जयति जय,
माँ जगदम्बे।
जय अम्बे

जय जगदम्बे।।

माँ तेरी महिमा,
तू ही जाने।
माँ क्या जाने,
हम क्या जाने।।
माँ चरन पड़े,
तेरे दीवाने।
माँ जनम सफ़ल मेरा कर दे।।
जयति जयति जय,
माँ जगदम्बे।
जय अम्बे
जय जगदम्बे।।

माँ कोई खाली न जाता
तेरे दर से।
माँ कोई न बचता
तेरी नज़र से।।
माँ तेरे दरस को
अँखियाँ तरसे।
माँ अब तो दरस दिखा दे।।
जयति जयति जय,
माँ जगदम्बे।
जय अम्बे
जय जगदम्बे।।

माँ भक्ति का दीपक
भाव की बाती।
माँ धूप दीप से
करूँ आरती।।
माँ भव सागर से,
तू हि तारती।
माँ मुझको भी तू तार दे।।
जयति जयति जय,
माँ जगदम्बे।
जय अम्बे
जय जगदम्बे।।

*****

2. दिल एक मंदिर

ख़्वाब देखा है मैंने
तुम्हारे लिए।
दिल में प्यारा सा मंदिर
बनाऊँगा मैं।।
चाहत का होगा
दीपक जहां।
तेरी प्यारी सी मूरत
बिठाऊँगा मैं।।
दिल में प्यारा सा मंदिर
बनाऊँगा मैं।।

तुम्हें देख कर
मेरी होती सुबह।
तुम्हें देख कर
मेरी होती है शाम।।
है तुम्हारे ही दम से
मेरी रातें रोशन।
अब कहो दूर कैसे
तुमसे जाऊँगा मैं।।
दिल में प्यारा सा मंदिर
बनाऊँगा मैं।।

तमन्ना थी जिसकी
तुम वही प्यार हो।
मेरी कविता का
स्तम्भ आधार हो।।
अगर तुम नहीं तो
जीवन में कुछ भी नहीं।
तुम मिलोगी जब मुझसे
बताऊँगा मैं।।
दिल में प्यारा सा मंदिर
बनाऊँगा मैं।।

खत में कहता हूँ मैं
अपनी हर बात को।
तुम जानो, न जानो
मेरे हालात को।।
मेरी कमज़ोरी समझो
या मज़बूरी जानम।
बिन तुम्हारे साँझ अब
जी न पाऊँगा मैं।।
दिल में प्यारा सा मंदिर
बनाऊँगा मैं।।

दर्द सब ने दिया,
छोड़ा सब ने मुझे।
जाँ से बढ़ कर किया,

प्यार तुम ने मुझे।।
अगर समझो मोहब्बत के
क़ाबिल मुझे।
तो, मेरा वादा है साथ तेरा
हमदम निभाऊँगा मैं।।

ख़्वाब देखा है मैंने
तुम्हारे लिए।
दिल में प्यारा सा मंदिर
बनाऊँगा मैं।।
चाहत का होगा
दीपक जहां।
तेरी प्यारी सी मूरत
बिठाऊँगा मैं।।

*****

3. जुदाई

छोड़ जाती हो मुझको
न तुम भूल जाना।
जो एक वादा किया है
उसे तुम निभाना।।
छोड़ जाती हो मुझको
न तुम भूल जाना।।

याद करना मुझे
हर एक घड़ी तुम।
दूर हो कर भी मुझसे
दूर रहना नहीं तुम।।
रुलाया बहुत है
तुम्हें दुनिया वालों ने।
पर, है मेरी क़सम
साँझ रोना नहीं तुम।।
मेरा प्यार याद करके
सदा मुस्कुराना।
छोड़ जाती हो मुझको
न तुम भूल जाना।।

अपनी ज़िंदगी तुम
मेरे नाम करना।

मेरी मोहब्बत का
न अपमान करना।।
तुम्हारा हूँ मैं, और
तुम्हारा ही रहूँगा।
इस जहाँ से भी बढ़कर
प्यार तुम से करूँगा।।
ख़ुश रहना हमेशा
साँझ जल्द लौट आना।
छोड़ जाती हो मुझको
न तुम भूल जाना।।

*****

4. प्यार का एहसान

प्यार ने ज़िन्दगी को
रोशन किया है।
ज़माने ने मुझको तो
ग़म ही दिया है।।
प्यार ने ज़िन्दगी को
रोशन किया है।।

होना नहीं तुम
ख़फा जान मुझसे।
मर जाऊँगा मैं तो
वरना क़सम से।।
तोड़ देना न
तुमने जो वादा किया है।
प्यार ने ज़िन्दगी को
रोशन किया है।।

सताया हुआ हूँ
मुझे न सताना।
रुलाया गया हूँ
तुम ना रुलाना।।
बड़ी मुद्दतों* बाद
क़दम ये लिया है।

प्यार ने ज़िन्दगी को
रोशन किया है।।

मेरा प्यार तुम हो
और तुम ही रहोगी।
किसी और की अब
जरूरत न होगी।।
मेरे दर्द को तुमने
कम कर दिया है।
प्यार ने ज़िन्दगी को
रोशन किया है।।
ज़माने ने मुझको तो
ग़म ही दिया है।।

*मुद्दतों Muddat, Period, Time.

*****

5. कसक दिल की

एक कसक दिल की
दिल में दबी रह गई।
ज़िन्दगी में तुम्हारी
कमी रह गई।।

तुम गई जिस घड़ी
दिल था रोया बहुत।
तुमको पाने की खातिर
है खोया बहुत।।
लबों पर कहाँ अब
हँसी रह गई।
ज़िन्दगी में तुम्हारी
कमी रह गई।।

तुमको आए हुए
एक ज़माना हुआ।
मुझे मुस्कुराए हुए
एक ज़माना हुआ।।
आँखों में अब तो मेरे
नमीं रह गई।
ज़िन्दगी में तुम्हारी
कमी रह गई।।

आसमाँ तुम थे मेरे
जहाँ तुम थे मेरे।
साँझ तुम जो गई
बस... जमीं रह गई।।
ज़िन्दगी में तुम्हारी
कमी रह गई।।

ज़ीना तुम ने सिखाया
मुझको अपना बनाया।।
दूर तुम हो गई
आस जीने की
अब तो नहीं रह गई।

एक कसक दिल की
दिल में दबी रह गई।
ज़िन्दगी में तुम्हारी
कमी रह गई।।

*****

6. तू परेशान ना हो

चाहा था तुझको
चाहत से ज़्यादा।
दिल में बसा लूँगा
नफ़रत
तू परेशान ना हो।।
चाहा था तुझको
चाहत से ज़्यादा।।

हर पल ज़ुबाँ पर
तेरा नाम ही था।
हो जाऊँगा मैं
ख़ामोश
तू परेशान ना हो।।
चाहा था तुझको
चाहत से ज़्यादा।।

ख़्वाबों में
बातें करता हुँ
तुम से हमेशा।
हक़ीकत में ना मिलूँगा
तू परेशान ना हो।।

चाहा था तुझको
चाहत से ज़्यादा।।

क्या हुआ? तूने मुझको
जो ठुकरा दिया है।
तुझको करूँगा ना
बदनाम
तू परेशान ना हो।।
चाहा था तुझको
चाहत से ज़्यादा।।

याद दिन रात तुझको
मैंने किया था।
अब तुझे भूल
जाऊँगा
तू परेशान ना हो।।
चाहा था तुझको
चाहत से ज़्यादा।।

यूँ तो गली से हुँ
तेरी गुज़रता।
मैं, तेरा शहर
छोड़ दूँगा
तू परेशान ना हो।।
चाहा था तुझको
चाहत से ज़्यादा।।

हवा का हुँ झोंका
साँझ अब न रुकूँगा।
कहीं दूर.....
चला जाऊँगा
तू परेशान ना हो।।

चाहा था तुझको
चाहत से ज़्यादा।
दिल में बसा लूँगा
नफ़रत
तू परेशान ना हो।।

*****

7. उम्मीद का दामन

है उम्मीद मेरी
तेरी उम्मीद से ही जिंदा।
उम्मीद का दामन
छोड़ ना देना।।
दिल में तेरी ही
मूरत बनी है।
कभी साँझ इसको तुम
तोड़ ना देना।।
उम्मीद का दामन
छोड़ ना देना।।

मेरा प्यार है इस
जहाँ से भी प्यारा।
मेरा प्यार तो है
केवल तुम्हारा।।
हक़ मेरे दिल पर
जो तुम ने किया है।
मेरा इम्तेहां तुम
और ना लेना।।
उम्मीद का दामन
छोड़ ना देना।।

जिंदा हूँ जब तक
मैं रहूँगा तुम्हारा।
तुम कर लो यकीं
साथ दूँगा तुम्हारा।।
साँसे जब तक रहेंगी
तुम्हारी रहेंगी।
बस मुझसे कभी तुम
मुँह मोड़ ना लेना।।

है उम्मीद मेरी
तेरी उम्मीद से ही जिंदा।
उम्मीद का दामन
छोड़ ना देना।।

*****

8. ख़ुश नसीब

ऐसा लगता है अपना
जन्मों का नाता है।
एक तुम्हारे सिवा ना
कोई और भाता है।।
ऐसा लगता है अपना
जन्मों का नाता है।।

सागर से गहरी मेरे
दिल की गहराई है।
जिसमें, तेरे प्यार की
सरिता समाई है।।
मेरे दिल ने हरदम
ग़म से नाता है जोड़ा।
मुझे जो भी मिला
उसी ने दिल है तोड़ा।।
साँझ आई हो जब से
मेरी ज़िन्दगी में।
मेरे ग़मों का बोझ
दिल से निकला जाता है।।
ऐसा लगता है अपना
जन्मों का नाता है।।

आज ख़ुद, उस ख़ुदा ने
मेरा जीवन सँवारा है।
उसने मेरे लिए ही तुमको
इस जहाँ में उतारा है।।
कैसे करूँ शुक्रिया मैं
उस ख़ुदा का।
मुझको जिससे मिला
ये प्यार तुम्हारा है।।
सपनों से सुंदर
है मेरा जहाँ।
दर्द दिल से मेरे
अब दूर जाता है।।
ऐसा लगता है अपना
जन्मों का नाता है।।

साँझ मागूंगा मैं एक
क़सम आज तुम से।
कभी करना न धोख़ा
तुम अपने सनम से।।
साथ देना मेरा तुम
जब तक है दम।
चाहे हों ज़िन्दगी में
ख़ुशियाँ या ग़म।।
हर किसी को ये प्यार
मिलता नहीं है।
ख़ुश नसीबों को ही
ये प्यार मिल पाता है।।

ऐसा लगता है अपना
जन्मों का नाता है।
एक तुम्हारे सिवा ना
कोई और भाता है।।

*****

9. सज़ा

आज तुमने मुझ से
ऐसी वफ़ा की है।
जैसे मेरे चाहत की
मुझ को सज़ा दी है।।
आज तुमने मुझ से
ऐसी वफ़ा की है।।

अपनी अधूरी चाहत लेकर
घर मैं लौट आया हूँ।
इस ज़माने का नहीं
अपने प्यार का सताया हूँ।।
देख के मेरी चाहत,
वो भी मुझ पर हँसती है।
क्या ऐसी? मेरी
मोहब्बत की देवी
हो सकती है।।
मेरी चाहत से नहीं है
कोई मतलब तुमको।
वो तो एक मैं हूँ
जिसने इतनी उम्मीद
लगा रख्खी है।।
आज तुमने मुझ से

ऐसी वफ़ा की है।।

अपने दिल की हालत
मैं बयां करूँ कैसे?
मैं जो हँसना भी चाहूँ
तो हंसू कैसे?
मैंने देखी है
तुम्हारी ख़ुशियों में
अपनी ख़ुशियाँ।
तुमको ख़ुशियों के
सागर में डुबाऊं कैसे?
जब प्यार ही प्यार
तुमको किया मैंने।
तुम्हें लगा जैसे मैंने
कोई ख़ता की है।।
आज तुमने मुझ से
ऐसी वफ़ा की है।
जैसे मेरे चाहत की
मुझ को सज़ा दी है।।

*****

10. ज़िन्दगी से मुलाक़ात

आज मेरी ज़िन्दगी का
हँसी पल है आया।
लौट मेरी ज़िन्दगी का
गुजरा कल है आया।।
जिस कल में मिली थी
तुम साँझ मुझको।
उस हँसी कल की याद .....
ये पल है आया।।
आज मेरी ज़िन्दगी का
हँसी पल है आया।।

प्यार ही प्यार तुमने तो
मुझको किया है।
सारी ख़ुशियों को तुमने
वार मुझपे दिया है।।
निभाने का वादा किया था
जो तुमने।
उस हँसी कल की याद....
ये पल है आया।।
आज मेरी ज़िन्दगी का
हँसी पल है आया।।

छोड़ा है इस जहां को
तुमने मेरे लिए।
सितम हर सहा
तुमने मेरे लिए।।
कहा, तन्हा करूँगी नहीं
कभी जान तुमको।
उससे पहले जला दूँगी
मैं इस जहाँ को।।
उस हँसी कल की याद....
ये पल है आया।
आज मेरी ज़िन्दगी का
हँसी पल है आया।।

मेरे प्यार को हारने
तुम न देना।
प्यार की जीत होगी
मेरा यक़ीन करना।।
कर सकती नहीं दूर
ये दुनिया हमको।
इस दुनिया से छीन लूँगा
मैं साँझ तुमको।।
इन्हीं कसमें वादों
के साथ....
ये पल है आया।।

आज मेरी ज़िन्दगी का
हँसी पल है आया।

लौट मेरी ज़िन्दगी का
गुजरा कल है आया।।
जिस कल में मिली थी
तुम साँझ मुझको।
उस हँसी कल की याद....
ये पल है आया।।

*****

11. प्यार का नग़मा

तुम यूँ ही हँसती
मुस्कुराती रहो।
मेरे प्यार का नग़मा
गुनगुनाती रहो।।
बहार बनके आई हो
मेरी ज़िन्दगी में।
मेरे जीवन की बगिया
महकाती रहो।।
तुम यूँ ही हँसती
मुस्कुराती रहो।।

दिन गुज़रे तुम्हारा
जैसे हो सावन।
रात गुज़रे तुम्हारी
जैसे हो पूनम।।
ऐसी ख़ुशियों भरा हो
तुम्हारा जीवन।
हर दिन होली
रात दिवाली
मनाती रहो।।
तुम यूँ ही हँसती
मुस्कुराती रहो।।

तुम्हारी धड़कनों में
गैं बसा हूँ।
मेरी दुनिया हो तुम
ये क़सम खा रहा हूँ।।
अब गुज़ारिश है मेरी
इतनी ख़ुदा से।
मैं तुम्हें तुम मुझे
याद आती रहो।।
तुम यूँ ही हँसती
मुस्कुराती रहो।।

की है जितनी मोहब्बत
कोई कर सकता नहीं।
अब कभी भी तुम्हें
मैं भूल सकता नहीं।।
तुम्हारे दिल से नहीं
दूर तुमसे हुआ हूँ।
प्यार का मेरे नग़मा
गुनगुनाती रहो।।
तुम यूँ ही हँसती
मुस्कुराती रहो।।

दुनिया की नज़रों से
हमको है बचना।
संभल जाना साँझ
अगर संभल सकना।।

मैं चाहूँगा नहीं, तुम्हारे
दामन का दाग बनना।
इसलिए प्यार सबसे
छुपाती रहो।।
तुम यूँ ही हँसती
मुस्कुराती रहो।
मेरे प्यार का नग़मा
गुनगुनाती रहो।।

*****

12. "मोहब्बत"

मैं किसी और से प्यार
ना किया है
ना करूँगा।
सिवा तुम्हारे
दिल में
किसी को
ना आने दूँगा।।
मैं किसी और से प्यार
ना किया है
ना करूँगा।।

तुम ज़िन्दगी हो मेरी
तुम बन्दगी हो मेरी।
अहसास तुम हो मेरा
विश्वास तुम हो मेरा।।
दूर तुमसे हुआ हूँ
तो क्या हुआ?
साँझ, ख़ुदा मानकर
तुम्हारी इबादत करूँगा।।
मैं किसी और से प्यार
ना किया है
ना करूँगा।।

मेरी ख़ातिर ख़ुद को
सताओ नहीं तुम।
दिल में कितनी है
चाहत
बताओ नहीं तुम।।
मेरी ज़िन्दगी है
तुम्हारी ज़िन्दगी से।
मेरी हर ख़ुशी है
तुम्हारी खुशी में।।
सताओगी खुद को
मेरे लिए.....।
साँझ मर जाऊँगा,
मैं
जी ना सकूँगा।।
मैं किसी और से प्यार
ना किया है
ना करूँगा।।

मोहब्बत पे कुछ तो!
भरोसा करो तुम।
यूँ मायूसी उदासी को
छोड़ो सनम तुम।।
इसी जनम में
जब मिलना है हमको।
तो तड़पा के ख़ुद को
मोहब्बत का

खूं ना करो तुम।।
वरना.....
चाह कर भी
"मोहब्बत" से
मोहब्बत न करूँगा।।

मैं किसी और से प्यार
ना किया है
ना करूँगा।
सिवा तुम्हारे
दिल में
किसी को
ना आने दूँगा।।

*****

13. प्यार का बंधन

तू ही मेरी ख़ुशी
तू मेरी ज़िन्दगी है।
तू ही मेरा ख़ुदा
तू मेरी बन्दगी है।।
तू ही मेरी ख़ुशी
तू मेरी ज़िन्दगी है।।

एक क़यामत है तू
मेरी चाहत है तू।
मिले दिल को सुकूँ
वो ही राहत है तू।।
तेरे बिन मेरी दुनिया
वीरान है।
तुझसे ही तो मेरी
मोहब्बत ज़वान है।।
साँझ तू जो नहीं है
तो कुछ भी नहीं है।
तू ही मेरी ख़ुशी
तू मेरी ज़िन्दगी है।।

मोहब्बत का तोहफ़ा

जो तूने दिया है।
प्यार खुद से भी
बढ़कर
तूने मुझको किया है।।
भूल पाऊँगा कैसे?
मैं साँझ तुमको।
पर, दूर होना पड़ेगा
मेरी जान हमको।।
क्योंकि, मेरी ख़ुशियों से
हमारी मोहब्बत बड़ी है।
तू ही मेरी ख़ुशी
तू मेरी ज़िन्दगी है।।

कैसे तुझ पर सितम
कर सकता हुँ मैं?
तेरे दिल से जुदा
कैसे रह सकता हुँ मैं?
मैं जो भी करूँगा
वो साँझ तेरे लिए।
ये मेरा प्यार है
सिर्फ तेरे लिए।।
तो क्या हुआ?
ना अभी
हमने फेरे लिए।
साँझ अभी प्यार में
ज़माने की
बेड़ी पड़ी है।।

तू ही मेरी ख़ुशी
तू मेरी ज़िन्दगी है।
तू ही मेरा ख़ुदा
तू मेरी बन्दगी है।।

*****

साँझ तुझे याद कर लिया है भाग: तीन

नया साल
साँझ नया दिन नई रात
नया साल.....सभी है।
अगर तुम नहीं हो तो
कुछ भी..... नहीं है।।
मेरा प्यार, मेरी साँझ
मेरी जाने तमन्ना।
खो के एक दूसरे में
सारी दुनिया भुलाएँ।।
नए साल में, आओ
हम कसम खाएँ।
अपने प्यार के रिश्ते को
सदा हम निभाएँ।।
To be continued

****